LES SEPT LOIS SPIRITUELLES DU SUCCÈS

Pour que la
Lumière brille toujours
en toi.

Avec Amour
Claire

Le retour du Rishi, *J'ai lu* 3458
La vie sans conditions, *J'ai lu* 3713
Vivre la santé, *J'ai lu* 3953
Le retour de Merlin, *J'ai lu* 5013
La voie du magicien, *J'ai lu* 5029
Les sept lois spirituelles de la richesse, *J'ai lu* 5614
Le chemin vers l'amour, *J'ai lu* 5757
Les sept lois pour guider vos enfants, *J'ai lu* 5941

Dr Deepak Chopra

LES SEPT LOIS SPIRITUELLES DU SUCCÈS

TRADUIT DE L'AMÉRICAIN
PAR MARIE-ODILE HERMAND

Titre original :

THE SEVEN SPIRITUAL LAWS OF SUCCESS
Tous droits de traduction, de reproduction et d'adaptation
réservés pour tous pays.

Vous êtes l'expression de votre plus profond désir
Tel est votre désir, telle est votre volonté
Telle est votre volonté, tels sont vos actes
Tels sont vos actes, telle sera votre destinée.

Brihadaranyaka Upanishad IV. 4.5

REMERCIEMENTS

Je voudrais exprimer mon affection et ma gratitude aux personnes suivantes :

Janet Mills pour avoir suivi ce livre avec amour, de sa conception à son achèvement.

Rita Chopra, Mallika Chopra et Gautama Chopra pour être l'expression vivante des sept lois spirituelles.

Ray Chambers, Gayle Ross, Adrianna Nienow, David Simon et George Harrison pour leur courage et leur engagement envers une philosophie ardue, élevée, noble et créatrice de vie.

Robert Gabriel, Brent Becvar, Rose Bueno-Murphy, et toute mon équipe du Centre éveillé de médecine de l'esprit et du corps, qui sont des exemples pour nos invités et nos patients.

Deepak Singh, Geeta Singh et toute mon équipe des Publications Quantum pour leur énergie et leur dévouement inlassables.

Muriel Nellis pour sa volonté inflexible de conserver à notre travail son plus haut niveau d'intégrité.

Richard Perl pour être un si grand exemple de référence au Soi.

Linda Ford pour sa foi inébranlable en la connaissance du Soi, son enthousiasme contagieux et l'engagement qu'elle a pris de transformer la vie de tant de personnes.

Et Bill Elkus pour sa compréhension et son amitié.

INTRODUCTION

La nature utilise les mêmes principes pour créer les différents objets de l'existence matérielle — tout ce que nous pouvons voir, entendre, sentir, goûter ou toucher. Ce livre *Les Sept Lois spirituelles du succès* aurait donc pu s'intituler *Les Sept Lois spirituelles de la vie*.

Dans un ouvrage précédent, *Créer l'affluence: l'ouverture de la conscience au champ de tous les possibles*, j'ai décrit les étapes menant à l'abondance, celle-ci découlant d'une réelle compréhension du travail de la nature. Les sept lois spirituelles du succès forment l'essence de cet enseignement. Lorsque celui-ci fera partie de votre conscience, il vous ouvrira l'accès à une abondance illimitée et à la réalisation de tous vos rêves — ceci sans que vous ayez à faire le moindre effort.

La réussite peut être définie comme la constante expansion du bonheur et la réalisation progressive de buts utiles. Elle nous offre la possibilité de satisfaire naturellement nos désirs. Et pourtant, le succès, la création de richesses, ont toujours été considérés comme des processus nécessitant un travail acharné.

De plus, ils sont souvent censés s'obtenir aux dépens d'autrui.

Nous avons besoin d'une approche plus spirituelle du succès et de l'abondance, celle-ci pouvant être décrite comme un grand mouvement de toutes les bonnes choses vers nous. La connaissance et la pratique d'une loi spirituelle nous mettent en effet en harmonie avec la nature. Elles nous permettent donc de créer sans avoir à y prendre garde, avec joie et avec amour.

La réussite revêt plusieurs aspects. La richesse matérielle n'est que l'un d'entre eux. Car, bien plus qu'une destination, la réussite est une direction. L'abondance matérielle, dans toutes ses expressions, rend le voyage plus agréable. Mais une vraie réussite inclut aussi la santé, l'énergie, l'amour de la vie, l'harmonie des relations, la liberté de créer, la stabilité émotionnelle et psychologique, le bien-être et la paix de l'esprit.

Et pourtant, toutes ces joies ne nous satisferont pas si, au fond de nous, nous ne cultivons pas les graines de la divinité. Car en réalité, nous sommes la divinité déguisée. Les dieux et les déesses dont le germe est en nous cherchent à se matérialiser, et ceci jusqu'à atteindre toute leur splendeur.

La vraie réussite est donc le déploiement de la divinité au fond de nous, l'expérience du miraculeux. Réussir veut dire rencontrer le divin, où que nous allions et dans tout ce qui nous entoure — dans les yeux d'un enfant, dans la beauté d'une fleur, dans le vol d'un oiseau. Connaître le vrai sens de la réussite, c'est vivre l'expression miraculeuse de la divinité — pas seulement par moments mais à chaque instant.

Avant de définir les sept lois spirituelles, il nous faut comprendre le concept de loi. La loi est le processus par lequel le non-manifesté se manifeste, celui qui transforme l'observateur en observé et le décor en trame. C'est le chemin par lequel le rêveur manifeste le rêve.

La création entière, c'est-à-dire tout ce qui existe dans le monde physique, est le résultat du non-manifesté se transformant en manifesté. Tout ce que nous percevons vient de l'inconnu. Notre corps physique, l'univers matériel — tout ce à quoi nous ouvrent nos sens — est la transformation du non-manifesté, de l'inconnu, de l'invisible, en manifesté, connu et visible.

L'univers physique n'est rien d'autre que le Soi se tournant vers Lui-même pour S'expérimenter en tant qu'esprit, pensée et matière physique. La conscience en mouvement s'exprime par les objets de l'univers, dans l'éternelle danse de la vie.

La source de toute création est la divinité (ou l'esprit); le procédé de création est la divinité (ou la pensée) en mouvement; et l'objet de la création est l'univers physique (ce qui inclut le corps physique). Ces trois composantes de la réalité: l'esprit, la pensée et le corps — ou l'observateur, le processus d'observation et l'observé — sont en essence la même chose. Elles ont la même origine : le champ de pure potentialité, qui est la pureté du non-manifesté.

Les lois physiques de l'univers réalisent le processus complet de la divinité en mouvement, ou de la conscience en mouvement. Lorsque nous comprenons ces lois et les appliquons à nos vies, tout ce que nous désirons peut être créé, parce que les mêmes lois que la nature utilise pour créer une forêt, une galaxie, une étoile ou un corps humain peuvent aussi nous apporter la réalisation de nos plus profonds désirs.

Examinons maintenant les sept lois spirituelles et voyons comment nous pouvons les appliquer à nos vies.

1

LA LOI DE LA PURE POTENTIALITÉ

La source de toute création est pure
conscience...
une pure potentialité cherchant l'expression du
non-manifesté dans le manifesté.

Nous réalisons alors que notre vrai Moi est pure
potentialité et nous nous alignons sur ce
pouvoir qui manifeste tout dans l'univers.

Au début
Il n'y avait ni existence ni non-existence,
Ce monde n'était qu'énergie non manifestée...

L'Un émit un souffle, sans souffler,
[par Son propre pouvoir
Il n'y avait rien d'autre...

Hymne de la Création, Rig Veda

La première loi spirituelle du succès se fonde sur la *Loi de la Pure Potentialité*. Celle-ci, à son tour, s'appuie sur le fait qu'à l'état originel, nous sommes pure conscience. La pure conscience est pure potentialité ; elle est le champ de tous les possibles et elle possède une créativité infinie. Cette pure conscience est notre essence spirituelle. Etre infini et illimité représente une joie parfaite. Les autres attributs de la conscience sont pure connaissance, silence infini, équilibre parfait, invincibilité, simplicité et félicité. Notre nature fondamentale est pure potentialité.

Lorsque vous découvrez votre nature essentielle et savez qui vous êtes vraiment, *dans cette connaissance elle-même*, vous trouvez le pouvoir de réaliser tous vos rêves ; cela parce que vous êtes la possibilité éternelle, le potentiel sans mesure de tout ce qui fut, est et sera. La *Loi de la Pure Potentialité* pourrait aussi être appelée Loi de l'Unité, parce que sous la diversité infinie de la vie, réside l'unité d'un esprit qui pénètre tout. Il n'existe en réalité aucune séparation entre vous et ce champ d'énergie. Il est votre propre Moi. Plus vous faites l'expérience de votre vraie nature, plus vous approchez du champ de pure potentialité.

L'expérience du Moi, ou «référence au Soi», signifie que notre point de référence intérieur s'éloigne des objets de notre expérience, pour devenir notre propre esprit. L'opposé de la référence au Soi est en effet la référence à l'objet. Celle-ci nous conduit toujours à être influencé par des objets extérieurs au Soi, c'est-à-dire par les situations, les circonstances, les gens et les choses. La référence à l'objet nous pousse à chercher constamment l'approbation des autres. Nos pensées et notre comportement y représentent toujours l'anticipation d'une réponse. Ils sont donc basés sur la peur.

La référence à l'objet nous fait aussi ressentir le besoin intense de contrôler l'extérieur. Le désir d'approbation, celui de contrôler les événements, d'acquérir un pouvoir sur l'extérieur sont fondés sur la peur. Ce genre de pouvoir n'est pas celui de la pure potentialité, le pouvoir du Soi. Il n'est pas *réel*. Lorsque nous vivons le pouvoir du Soi, la peur, le besoin de contrôler, la recherche d'approbation ou de maîtrise extérieure disparaissent.

La référence à l'objet fait de votre ego votre maître intérieur. Or votre ego n'est pas ce que vous êtes réellement. Il n'est que l'image que vous avez de vous-même, votre masque social, le rôle que vous jouez. Ce masque prospère par l'approbation. Il veut le contrôle et il est nourri par le pouvoir, parce qu'il vit dans la peur.

Votre vrai Moi, votre esprit, votre conscience, est libre de ces chaînes. Il reste indifférent aux critiques. Il n'a peur d'aucun défi. Il ne se sent inférieur à personne. Et pourtant, il est humble et ne se juge donc pas non plus supérieur à qui que ce soit. Cela, parce qu'il reconnaît que tous les autres sont le même Soi, le même esprit sous différentes apparences. Il vit donc le respect pour chacun, tout en ne se sentant inférieur à personne.

Cela est la différence essentielle entre la référence à l'objet et la référence au Soi. La référence au Soi vous offre l'expérience de votre être réel, celui qui n'a peur d'aucun défi et ne se sent inférieur à personne. Le pouvoir du Soi est donc le vrai pouvoir. Celui qui se fonde sur la référence à l'objet est irréel. La possibilité de s'appuyer sur le pouvoir de l'ego ne dure en effet qu'aussi longtemps que l'objet de la référence est là.

Le pouvoir d'un président, d'un chef d'entreprise ou d'un milliardaire ne vient que du titre, du statut, ou de l'argent. Il ne dure donc qu'aussi longtemps que ces états demeurent. Aussitôt que la qualité, la fonction, la richesse s'en vont, il disparaît.

Le pouvoir du Soi, au contraire, est permanent, puisqu'il se fonde sur la conscience du Soi. Il possède certaines caractéristiques. Il attire les autres et ce que vous souhaitez vers vous. Il magnétise les personnes, les situations et les circonstances pour qu'elles répondent à vos désirs. Il vous offre l'aide des lois de la nature. Ce pouvoir est celui de la divinité, celui qui vient de l'état de grâce. Il vous rend agréable toute relation avec autrui, et réciproquement. Il vous permet de *relier*, d'établir le lien qui vient du véritable amour.

Si vous voulez apprécier les bénéfices du champ de pure potentialité, si vous voulez faire plein usage de la créativité inhérente à la pure conscience, alors vous devez y avoir accès. Comment appliquer la *Loi de la Pure Potentialité*, c'est-à-dire établir le contact entre votre vie et le champ de tous les possibles ? L'un des chemins d'accès à ce champ est la pratique quotidienne du silence, de la méditation et du non-jugement. Passer du temps dans la nature vous ouvrira également l'accès aux qualités inhérentes de ce champ : une infinie créativité, la liberté et la félicité.

Pratiquer le silence signifie consacrer un certain temps à ne faire qu'*Etre*. Vivre l'expérience du silence, consiste à s'échapper périodiquement de l'activité du discours. C'est aussi s'abstraire régulièrement d'activités telles que regarder la télévision, écouter la radio ou lire. Cette pratique permet en effet de diminuer la turbulence de notre dialogue intérieur.

Consacrez, de temps en temps, un moment à vivre le silence. Chaque jour, au moment qui vous convient et pendant deux heures, ou, si cela vous semble trop long, une heure, faites l'expérience du silence. Ensuite, périodiquement, poursuivez-la une journée entière, ou deux, ou même une semaine.

Que se passe-t-il quand vous entrez dans cette expérience ? Au début, votre dialogue intérieur se fait de plus en plus accaparant, vous ressentez le besoin intense de dire quelque chose. J'ai connu des personnes qui, lorsqu'elles s'étaient résolues à vivre une période de silence étendue, devenaient pratiquement folles les premiers jours. Une impression d'urgence, une profonde anxiété les envahissait. Mais leur brouhaha intérieur finissait par se calmer et bientôt le silence devenait profond. Cela, parce que le mental finit par lâcher prise. Car si Vous — votre Moi, votre esprit, celui qui fait les choix — vivez le silence, votre ego réalise qu'il n'y a aucune raison de tourner en rond. Et petit à petit, le dialogue intérieur s'apaise. Vous pénétrez alors dans la tranquillité du champ de pure potentialité.

Pratiquer le silence périodiquement, au moment qui vous convient, est l'un des chemins qui mènent à l'expérience de la *Loi de Pure Potentialité*. Consacrer chaque jour un moment à méditer en est un autre. L'idéal consisterait à méditer au moins une demi-heure le matin et une demi-heure le soir. La méditation vous offre l'expérience du champ du pur silence et de la pure attention.

Dans ce champ se trouve également celui des corrélations infinies, celui du pouvoir infiniment organisateur : l'espace ultime de la création, où tout est inséparablement relié, connecté à tout. La cinquième loi spirituelle, la Loi de l'Intention et du Désir, vous apprendra qu'en introduisant une légère intention dans ce champ, la réalisation de vos désirs en découlera spontanément. Mais d'abord, vous devez faire l'expérience de la tranquillité. Atteindre la tranquillité est la première étape sur le chemin de la réalisation de vos désirs, parce qu'en elle réside votre connexion au champ de pure potentialité, le seul capable d'orchestrer pour vous une infinité de détails.

Imaginez que vous êtes au bord d'un étang tranquille. Vous y jetez une petite pierre et regardez les ondulations qu'elle provoque dans l'eau. Puis, lorsque la surface de l'eau a recouvré son calme, vous lancez une autre pierre. C'est exactement ce que vous faites lorsque vous pénétrez dans le champ du pur silence et y introduisez une intention. Dans ce silence, l'intention, aussi faible soit-elle, se répercute à l'ensemble de l'espace sous-jacent de la conscience universelle, celui qui connecte tout à tout. Si vous ne vivez pas le calme de la conscience, si votre esprit demeure un océan turbulent, vous pourriez y jeter l'Empire State Building, que vous ne remarqueriez rien.

Dans la Bible, on trouve cette phrase : «Sois en paix et tu sauras que je suis Dieu.» Cela ne peut s'accomplir que par la méditation.

Une autre voie d'accès au champ de pure potentialité est la pratique du non-jugement. Le jugement est la constante évaluation des choses : justes ou fausses, bonnes ou mauvaises... Lorsque vous êtes perpétuellement occupé à évaluer, classer, étiqueter ou analyser, vous créez un grand nombre de turbulences dans votre dialogue intérieur. Celles-ci empêchent le flot d'énergie de circuler librement entre vous et le champ de pure potentialité. Elles ferment littéralement la «brèche», l'ouverture entre les pensées.

Cette ouverture vous donne accès au champ de pure potentialité. L'état de pure attention, le silence du mental, le calme intérieur vous relient au vrai pouvoir. Lorsque vous fermez le passage, votre relation au champ de pure potentialité et à la créativité infinie s'interrompt.

Voici ce que dit une prière du *Chemin des Miracles* : «Aujourd'hui je ne jugerai rien de ce qui arrive.» Le non-jugement crée le silence dans votre esprit. Commencer votre journée dans cette intention est donc une bonne idée. Dès que vous vous surprendrez à juger, souvenez-vous de cet engagement. S'il vous paraît trop difficile d'observer cette règle toute la journée, vous pouvez simplement vous dire : «Pendant les deux prochaines heures, je cesserai de juger» ou : «Pendant une heure, je ferai l'expérience du non-jugement.» Ensuite vous pourrez allonger graduellement la durée de cet exercice.

Par le silence, la méditation et le non-jugement, vous accéderez à la première loi, la *Loi de Pure Potentialité*. Lorsque vous aurez commencé ces pratiques, vous pourrez en ajouter une quatrième en passant régulièrement un certain temps en communion directe avec la nature. Cette communion vous permet de partager l'harmonie qui naît de l'interaction des éléments et des forces de la vie. Elle vous donne le sens de l'unité de l'ensemble de cette vie. Un ruisseau, une forêt, une montagne, un lac ou le bord de mer vous relient à l'intelligence de la nature et vous aident donc aussi à accéder au champ de pure potentialité.

Vous devez apprendre à rencontrer l'essence profonde de votre être. Cette essence véritable se situe au-delà de l'ego. Elle ne connaît pas la peur ; elle reste indifférente aux critiques ; elle est libre ; elle ne craint aucun défi. Elle ne se sent ni inférieure ni supérieure à qui que ce soit et elle est remplie de magie, de mystère et d'enchantement.

Votre relation à autrui n'étant que le reflet de votre relation à vous-même, l'accès à l'essence vraie vous permettra de vous regarder dans un miroir. Si, par exemple, vous ressentez de la culpabilité, de la peur ou un sentiment d'insécurité face à l'argent, au succès ou à toute autre chose, sachez que ce malaise n'est que le reflet de la culpabilité, de la peur ou de l'insécurité des aspects de base de votre personnalité. Aucune somme d'argent, aucun succès ne résoudront ces problèmes fondamentaux de l'existence ; seule l'intimité avec le Soi vous apportera une vraie guérison. Lorsque vous serez enraciné dans la connaissance de votre vrai Moi — lorsque vous comprendrez votre vraie nature — votre culpabilité, votre peur ou votre inquiétude à propos de l'argent, de l'abondance ou de la réalisation de vos désirs disparaîtront. Car vous saurez que l'essence de la richesse matérielle est l'énergie de la vie, et qu'elle est pure potentialité. Or la pure potentialité est notre nature intrinsèque.

Le champ de pure potentialité est aussi celui de l'infinie créativité et de la connaissance pure. Au fur et à mesure que vous élargirez l'accès à votre vraie nature, vous recevrez aussi, et spontanément, des pensées créatives. Lisons ce passage de Franz Kafka : « Il ne faut pas quitter ta chambre. Reste assis à ta table et écoute. Tu n'as même pas à écouter, attends simplement. Tu n'as même pas à attendre, apprends juste à rester tranquille, calme et solitaire. Le monde s'offrira alors à toi, et te proposera de le démasquer. Il n'aura pas le choix : il roulera en extase à tes pieds. » Le déploiement somptueux de l'univers est une expression de l'esprit créateur de la nature. Plus vous êtes en phase avec cet esprit, plus large est votre accès à son infinie créativité. Il vous faut donc traverser les remous de votre dialogue intérieur pour vous connecter à l'abondance illimitée de cet esprit créateur. Vous créez ainsi la possibilité d'une activité dynamique, en même temps que vous devenez porteur de la tranquillité de l'esprit créateur éternel et sans limites.

Cette exquise rencontre du silence, de la liberté, de l'infini de l'esprit et du dynamisme, des limites et de l'individualité du mental représente l'équilibre parfait, celui qui naît de la simultanéité du calme et du mouvement. Cet équilibre est capable de créer tout ce que vous désirez, tandis que la coexistence des opposés — calme et dynamisme — vous rend indépendant des situations, des circonstances, des gens et des choses.

Lorsque vous répondez tranquillement à cette extraordinaire coexistence, vous vous alignez sur le monde de l'énergie — la « soupe » quantique, le non-matériau source du monde matériel. Ce monde d'énergie est fluide, souple, dynamique, changeant, infiniment mouvant. Mais il est également immuable, calme, tranquille, éternel et silencieux.

Le calme seul représente le potentiel de la créativité ; le mouvement seul restreint la créativité à un certain aspect de son expression. Mais la combinaison du mouvement et de la tranquillité vous permet de répandre votre créativité dans toutes les directions — c'est-à-dire là où vous emmène votre pouvoir d'attention.

Où que vous alliez dans le cœur du mouvement et de l'activité, emportez votre tranquillité avec vous. Le mouvement chaotique qui nous environne n'obscurcira jamais l'ouverture qui nous permet d'accéder au réservoir de créativité qu'est le champ de pure potentialité.

Pour appliquer
la Loi de Pure Potentialité

Je mettrai en œuvre la *Loi de Pure Potentialité* en prenant les décisions suivantes :

1. J'entrerai en contact avec le champ de pure potentialité en consacrant chaque jour un moment à rester silencieux, à *Etre*. Je resterai assis, seul, dans une méditation silencieuse, au moins deux fois par jour, environ trente minutes le matin et trente minutes le soir.

2. Je prendrai le temps, chaque jour, de communier avec la nature et de témoigner silencieusement de l'intelligence présente en toute chose vivante. Je resterai assis et regarderai un coucher de soleil, j'écouterai le bruit de l'océan ou celui d'un ruisseau, ou je respirerai simplement le parfum d'une fleur. Dans l'extase de mon propre silence, et en communiant avec la nature, j'entrerai en contact avec la profonde pulsation de la vie, avec le champ de potentialité pure et de créativité illimitée.

3. Je pratiquerai le non-jugement. Je commencerai ma journée par cette résolution : « Aujourd'hui, je ne jugerai rien de ce qui arrivera » et tout au long de la journée je me souviendrai de ne pas juger.

2

LA LOI DU DON

L'univers opère par échange dynamique...
Donner et recevoir ne sont que des aspects
différents du flot de l'énergie dans l'univers.

Décider de donner ce que nous voulons
recevoir permet à l'abondance de l'univers
de circuler à travers nos vies.

Ce vaisseau si frêle se vide encore et encore et se remplit éternellement d'une vie neuve. Cette petite flûte de roseau a franchi collines et vallons et y a soufflé une mélodie toujours nouvelle. Le don infini vient à moi, dans ces mains pourtant si petites... Les âges passent, se déversent sans fin et pourtant il reste toujours un puits à emplir.

Rabindranath TAGORE, *Gitanjali*

La seconde loi spirituelle du succès est la *Loi du Don*. Comme l'univers agit par échanges dynamiques, elle pourrait aussi être appelée Loi du Donner et du Recevoir. Rien n'est statique. Votre corps est au centre d'un constant et dynamique échange avec le cœur de l'univers ; votre esprit interagit activement avec l'esprit du cosmos ; votre énergie est une expression de l'énergie cosmique.

Le flux de la vie n'est rien d'autre que l'interaction harmonieuse des éléments et des forces qui structurent le champ de l'existence. Cette harmonie opère dans votre vie en tant que *Loi du Don*. Votre corps, comme votre esprit, fait partie d'un échange actif et constant ; c'est pourquoi bloquer la circulation de l'énergie équivaut à entraver celle du sang. Quand le sang ne circule plus, il commence à stagner, à se coaguler, à cailler. Vous devez donc donner et recevoir pour que la richesse et l'abondance — ou les bienfaits que vous désirez — puissent circuler dans votre vie.

Le mot «affluence», désignant en anglais la «richesse», la «fortune», vient de la racine latine «affluere» qui signifie «couler vers». Il a le sens de «couler en abondance». L'argent est en effet le symbole de l'échange d'une énergie de vie. Il est le résultat utilisable d'un service que nous offrons à l'univers[1]. Comme l'argent est énergie de vie, si nous bloquons sa circulation — si notre seule intention est de garder notre argent et de l'accumuler — nous empêchons l'énergie d'affluer dans notre vie. Pour que celle-ci continue à affluer vers nous, nous devons donc en favoriser la circulation. Comme une rivière, l'argent doit continuer à couler. A défaut, il commencera à stagner, à coaguler, à suffoquer et à étrangler sa propre énergie de vie. Le fait de circuler, en revanche, lui offre vie et dynamisme.

Chaque relation fait partie du «donner et recevoir». Donner engendre recevoir, et recevoir engendre donner. Ce qui monte doit descendre; ce qui part doit revenir. En réalité, recevoir est la même chose que donner; ce sont des aspects différents du flot de l'énergie dans l'univers. Si vous empêchez le cours de ce mouvement, vous interférez avec l'intelligence de la nature.

Dans chaque graine dort la promesse de milliers de forêts. Mais la graine ne doit pas être gardée. Elle doit donner son intelligence au sol

1. Deepak Chopra ajoute ici une phrase intraduisible : «Un autre mot pour désigner l'argent, "currency", reflète également la nature mouvante de l'énergie. Le mot "currency" vient en effet du latin currere qui signifie courir ou couler.» *(N.d.T.)*

fertile. A travers ce don, son énergie invisible s'épanouit en une manifestation matérielle.

Plus vous donnerez, et ainsi laisserez l'abondance de l'univers circuler dans votre vie, plus vous recevrez. En réalité, tout ce qui a valeur de vie ne fait que se multiplier à travers le don. Ce qui ne se multiplie pas par le don ne vaut pas la peine d'être reçu ou donné. Si, en offrant, vous avez l'impression de perdre quelque chose, alors votre offrande n'est pas réellement un don et ne grandira pas. Si vous donnez en grommelant, il n'y a pas d'énergie derrière ce don.

Le plus important est l'intention cachée derrière le fait de donner ou de recevoir. L'intention devrait toujours être telle qu'elle crée du bonheur pour le donateur comme pour celui qui reçoit, car la joie est porteuse de vie, nourricière de vie et donc génère l'accroissement. Quand le don est inconditionnel et qu'il vient du cœur, son retour lui est directement proportionnel. C'est pourquoi l'acte de donner doit être plein de joie — l'état d'esprit qui le sous-tend doit vous apporter de la joie par lui-même. L'énergie contenue dans le don se multiplie alors plusieurs fois.

Pratiquer la *Loi du Don* est donc très simple : si vous désirez la joie, offrez la joie aux autres ; si vous voulez l'amour, apprenez à donner de l'amour ; si vous souhaitez que l'on fasse attention à vous et que l'on vous apprécie, alors apprenez à vous montrer attentif et à apprécier. Si vous espérez l'abondance matérielle, aidez les autres à l'acquérir. En fait, la voie la plus simple pour obtenir ce que l'on veut est d'aider les autres à recevoir ce qu'ils souhaitent. Ce principe fonctionne aussi bien pour les entreprises ou les nations que pour les individus. Si vous désirez jouir de toutes les bonnes choses de la vie, apprenez à en faire silencieusement bénéficier chacun.

Les pensées de don, les souhaits de bonheur, ou une simple prière, ont également un effet. Cela parce que notre corps, dans son état le plus fondamental, est un paquet localisé d'énergie et d'informations, plongé dans un univers d'énergie et d'information. Nous sommes aussi des paquets localisés de conscience au sein d'un univers conscient. Le mot « conscience » possède un sens plus vaste qu'énergie et information — il implique que l'énergie et l'information soient vivantes en tant que pensées. Nous sommes donc des paquets de pensée dans un univers pensant. Or la pensée a le pouvoir de transformer.

La vie est la danse éternelle de la conscience qui s'exprime à travers l'échange dynamique d'impulsions et d'intelligence qui s'opère entre le macrocosme et le microcosme, entre le corps humain et le corps universel, l'esprit humain et l'esprit cosmique.

Lorsque vous apprenez à donner ce que vous cherchez, vous activez cette danse, vous devenez le chorégraphe de ce mouvement magnifique, dynamique et chargé de vie, qui construit l'histoire sans fin de la vie.

La meilleure manière de mettre en œuvre la *Loi du Don* — de réaliser entièrement le processus de circulation de l'énergie — est de prendre la décision qu'à chaque fois que vous entrerez en contact avec quelqu'un, vous lui offrirez quelque chose. Ce don ne se présente pas nécessairement sous forme d'argent : vous pouvez donner une fleur, un compliment ou une prière. En réalité, les formes du don les plus puissantes sont immatérielles. Le don de l'attention, celui de l'affection, celui du respect et celui de l'amour sont quelques-uns des plus précieux présents que vous puissiez faire, et ils ne vous coûtent rien.

Lorsque vous rencontrez une personne, vous pouvez lui envoyer une bénédiction silencieuse, en lui souhaitant le bonheur, la joie et le rire. Ce type de don silencieux est très puissant. L'une des choses que l'on m'a apprises lorsque j'étais enfant, et que j'ai aussi apprise à mes enfants, est de ne jamais aller rendre visite à quelqu'un sans lui apporter quelque chose. En réponse à la question suivante : «Comment puis-je donner aux autres, alors qu'en ce moment je n'ai pas assez pour moi-même?» sachez que vous pouvez offrir une fleur. Simplement une fleur. Vous pouvez offrir un compliment, ou venir avec une prière.

Prenez la décision de donner, où que vous alliez et à tous ceux que vous rencontrez. Aussi longtemps que vous donnerez, vous recevrez. Plus vous donnerez, plus votre confiance dans les effets miraculeux de cette loi grandira. Et, comme vous recevrez davantage, votre capacité à donner augmentera également.

Notre vraie nature est celle de l'abondance et de l'affluence. Parce que la nature répond à tous les besoins et à tous les désirs, nous sommes naturellement riches. Comme notre nature essentielle est pure potentialité et possibilités infinies, nous ne manquons de rien. Vous devez donc savoir que vous êtes déjà riche, que vous ayez des ressources importantes ou non, car la source de toute richesse est le champ de pure potentialité — la conscience qui sait comment satisfaire tous les besoins, dont la joie, l'amour, le rire, la paix, l'harmonie et la connaissance. Si vous recherchez ces buts avant tout — pas seulement pour vous, mais aussi pour autrui — tout le reste viendra spontanément.

Pour appliquer la Loi du Don

Je mettrai en œuvre la _Loi du Don_, en prenant les décisions suivantes :

1. Où que j'aille, quelle que soit la personne que je rencontre, je lui donnerai quelque chose. Ce présent peut être un compliment, une fleur, une prière. Aujourd'hui j'offrirai quelque chose à tous ceux avec qui j'entrerai en contact, et ainsi je mettrai en œuvre, dans ma vie et dans celle des autres, le processus de circulation de la joie, de la richesse et de l'affluence.

2. Aujourd'hui je recevrai tous les dons que l'on me fait avec gratitude. J'accepterai aussi les dons de la nature : la lumière du soleil et le chant des oiseaux, une pluie de printemps ou la première neige de l'hiver. Je m'ouvrirai également aux présents des autres, que ceux-ci aient une forme matérielle, comme l'argent, ou une forme spirituelle comme un compliment ou une prière.

3. Je prends l'engagement de protéger la circulation de la richesse dans ma vie en donnant et recevant les biens les plus précieux de l'existence : l'attention, l'affection, le respect et l'amour. Chaque fois que je rencontrerai quelqu'un, je lui souhaiterai silencieusement bonheur, joie et rires.

7

LA LOI DU KARMA
OU LOI DE CAUSE À EFFET

Chaque action génère une force
qui revient vers nous
telle qu'elle a été mise en œuvre...
Nous récolterons ce que nous avons semé.

Lorsque nous choisissons d'agir pour apporter
le bonheur et le succès aux autres, alors
les fruits du karma sont le bonheur et le succès.

Le karma est l'éternelle affirmation de la liberté humaine... Nos pensées, nos paroles et nos actes sont les cordes du filet que nous jetons autour de nous.

Swami VIVEKANANDA

La troisième loi du succès est la *Loi du Karma*. Le karma représente en même temps l'action et la conséquence de l'action. Il est simultanément la cause et l'effet, car chaque action génère une force qui revient ensuite à nous telle qu'elle a été mise en œuvre. Il n'y a rien d'exotique dans la *Loi du Karma*. Tout le monde connaît l'expression « Nous récoltons ce que nous avons semé ». Ainsi, à l'évidence, si nous voulons créer le bonheur dans nos vies, nous devons apprendre à semer les graines du bonheur. Le karma implique donc un choix conscient.

Vous et moi disposons d'une infinité de choix. A chaque moment de notre existence, nous sommes plongés dans le champ de tous les possibles. Celui-ci nous offre l'accès à une infinité de choix. Quelques-uns se font consciemment, mais d'autres inconsciemment. La meilleure manière de comprendre la *Loi du Karma* et de l'utiliser dans toute sa puissance, est de devenir conscients de nos choix.

Que ceci vous plaise ou non, tout ce qui vous arrive en ce moment est le résultat des choix que vous avez faits dans le passé. Malheureusement, beaucoup d'entre nous prennent des décisions inconscientes, et par conséquent ne pensent pas qu'ils ont réellement choisi. Pourtant, c'est bien le cas.

Si quelqu'un vous insultait, vous décideriez probablement d'être offensé. S'il vous faisait un compliment, vous feriez probablement le choix d'en être heureux ou flatté. Mais pensez à ceci : il s'agit de votre décision.

Il se pourrait qu'on vous offense et qu'on vous insulte et que vous choisissiez de ne pas être offensé. Vous pourriez aussi recevoir un compliment et décider de ne pas vous sentir flatté non plus.

En d'autres termes, beaucoup d'entre nous — bien que nous soyons infiniment libres — sont devenus prisonniers de réflexes conditionnés, de réactions prévisibles. Ces réflexes sont semblables à ceux découverts par Pavlov — ce scientifique devenu célèbre en démontrant que si, à chaque fois que l'on fait retentir une sonnerie, on donne quelque chose à manger à un chien, celui-ci va bientôt se mettre à saliver dès qu'il entendra cette sonnerie. Il aura associé un stimulus à l'autre.

Nous sommes presque tous victimes de conditionnements. Les réponses que nous donnons aux stimuli qui proviennent de notre environnement sont répétitives et prévisibles. Nos réactions semblent provoquées automatiquement par les personnes ou par les circonstances. Nous oublions que ces réactions sont des choix. Ceux-ci sont simplement inconscients.

Revenez un instant en arrière et observez les décisions que vous ne cessez de prendre. Par ce simple acte d'observation, vous ferez basculer vers la conscience le processus entier de la réaction inconsciente. Vous en retirerez une grande force.

Lorsque vous prenez une décision — quelle qu'elle soit —, vous devez vous poser deux questions. D'abord : « Quelles sont les conséquences de ce choix ? » Dans votre cœur, vous les découvrirez immédiatement. Ensuite : « Ce choix sera-t-il source de bonheur, pour moi comme pour ceux qui sont autour de moi ? » Si la réponse est oui, continuez. Dans le cas contraire, si ce choix est susceptible de provoquer la détresse, pour vous ou pour autrui, renoncez. C'est aussi simple que cela.

Un seul choix, parmi l'infinité de possibles que vous offre chaque seconde de votre vie, sera créateur de bonheur, aussi bien pour vous que pour votre entourage. Il découle de ce qu'on appelle *« l'action spontanément juste »* — la bonne action au bon moment, c'est-à-dire la meilleure réponse à une situation donnée. L'action spontanément juste est celle qui nourrit à la fois celui qui agit et tous ceux qui seront influencés par cet acte.

Il importe de connaître un mécanisme très intéressant : l'univers nous aide à faire spontanément le bon choix. Or ce mécanisme est en relation avec nos sensations physiques. Le corps connaît deux types de sensations : le confort et l'inconfort. Alors, lorsque vous effectuez un choix, écoutez votre corps. Demandez-lui : « Si je prends cette décision, que se passera-t-il ? » S'il vous envoie un message d'inconfort, votre choix n'est pas bon.

Chez certaines personnes, les messages de confort et d'inconfort proviennent de la zone du plexus solaire. Mais chez le plus grand nombre, ils se font sentir dans la région du cœur. Alors écoutez votre cœur et demandez-lui ce que vous devez faire. Puis attendez la réponse — une réponse physique, sous la forme d'une sensation. Le signal peut être extrêmement faible, mais il réside là, dans votre corps.

Seul le cœur connaît la bonne réponse. La plupart des gens pensent que leur cœur est faible et sentimental. Mais ce n'est pas vrai. Le cœur est intuitif ; il est holistique, il est contextuel, il est relationnel. Il n'a pas un tempérament de perdant ou de gagnant. Il bat dans l'ordinateur cosmique — le champ de pure potentialité, de pure connaissance et du pouvoir infini d'organisation — et prend toute chose en compte. Par moments, il peut ne pas sembler rationnel, mais en réalité il possède une capacité d'analyse à la fois beaucoup plus fine et plus précise que tout ce qui appartient à la pensée rationnelle.

Vous pouvez utiliser la *Loi du Karma* pour attirer à vous l'argent, l'abondance et le flot de toutes les bonnes choses, et ceci à chaque fois que vous le voulez. Mais d'abord, vous devez devenir conscient que votre futur est engendré, à chaque instant, par vos décisions présentes. Si vous construisez sur une bonne base, alors vous faites plein usage de la *Loi du Karma*. Plus vous élèverez vos choix au niveau de votre conscience, plus justes et spontanées seront vos décisions, pour vous comme pour ceux qui vous entourent.

Que dire de votre karma passé et de la manière dont il vous influence aujourd'hui ? Vous disposez, à ce propos, de trois manières d'agir.

L'une est de payer vos dettes karmiques. C'est ce que la plupart des personnes choisissent — inconsciemment, bien sûr. Mais cela peut aussi être un choix conscient. Beaucoup de souffrances sont parfois incluses dans le paiement de ces dettes, car la *Loi du Karma* explique qu'aucune dette dans cet univers ne reste impayée. Il existe dans ce monde un système comptable parfait. Tout s'y produit à travers un échange constant d'énergie de type « débit/crédit ».

La seconde manière d'agir est de transmuter ou transformer votre karma en une expérience plus désirable. Et ce processus est très intéressant. Lorsque vous êtes en train de payer une dette karmique, posez-vous ces questions : « Que puis-je apprendre de cette expérience ? Pourquoi ceci m'arrive-t-il et quel message l'univers est-il en train de me donner ? Comment puis-je rendre cette expérience utile à mes semblables ? »

Ce faisant, vous cherchez les graines de

l'opportunité et les attachez à votre dharma, c'est-à-dire au but de votre vie, dont nous parlerons dans le chapitre traitant de la septième loi spirituelle du succès. Cet effort vous permet de transmuter votre karma en une nouvelle expression.

Si, par exemple, vous vous cassez une jambe en pratiquant un sport, vous pouvez vous poser ces questions : « Que puis-je apprendre de cette expérience ? Quel message l'univers m'envoie-t-il à travers elle ? » Ce message est peut-être celui de ralentir, ou encore d'être plus attentif à votre corps, d'en prendre plus de soin à l'avenir.

Mais si votre dharma est de transmettre aux autres ce que vous savez, alors, en vous demandant « Comment puis-je rendre cette expérience utile à mes semblables ? », vous déciderez probablement de partager ce que vous avez appris. Vous pouvez écrire un livre expliquant la manière de pratiquer ce sport en toute sécurité. Ou encore dessiner une chaussure ou une jambière susceptibles de réduire les risques d'avoir un accident comme le vôtre. Ainsi, tout en payant votre dette karmique, vous aurez également converti l'adversité en un bénéfice qui peut vous apporter abondance et satisfaction. C'est ainsi que s'opère la transmutation de votre karma en une expérience positive. Vous ne vous serez pas vraiment débarrassé de votre karma, mais, à partir d'un épisode karmique, vous deviendrez capable de créer un karma nouveau et positif.

La troisième manière d'agir sur le karma est de le transcender. Transcender le karma, c'est en devenir indépendant. Pour ce faire, il faut continuer l'expérience de l'ouverture, de la brèche, celle du Soi, de l'Esprit. Imaginez que vous laviez un vêtement sale dans un cours d'eau. A chaque fois que vous le plongez dans l'eau et le frottez, vous en enlevez quelques taches. Plus vous le lavez, plus il est propre. Vous laverez ou transcenderez les graines de votre karma en pénétrant dans l'ouverture et en y revenant encore et encore. Cela, bien sûr, s'obtient par la pratique de la méditation.

Toute action est un épisode karmique. Boire une tasse de café en est un. L'action génère la mémoire, et la mémoire possède la possibilité ou la potentialité de créer le désir. Puis le désir génère à nouveau l'action. L'ordinateur opérationnel de votre âme est fait de karma, de mémoire et de désir. Votre âme est un paquet de conscience possédant les graines du karma, de la mémoire et du désir. En prenant conscience de ces graines de manifestation, vous devenez un générateur de réalité conscient. En devenant un décideur, vous mettez en œuvre des actions qui seront source d'évolution pour vous comme pour votre entourage. Ceci est tout ce que vous avez à faire.

Aussi longtemps que le karma sera source d'évolution — pour le Soi comme pour tous ceux qu'il affecte —, alors les fruits du karma seront le bonheur et le succès.

Appliquer la Loi du Karma ou loi de cause à effet

Je mettrai en œuvre la *Loi du Karma* en prenant les décisions suivantes :

1. Aujourd'hui je serai à chaque instant le témoin de mes choix. Par ma seule observation, ceux-ci seront portés à l'attention de ma conscience. Je saurai que le meilleur moyen de préparer le futur est d'être totalement conscient du présent.

2. A chaque fois que je prendrai une décision, je me poserai deux questions : « Quelles sont les conséquences du choix que je suis en train de faire ? » et « Apportera-t-il satisfaction et bonheur, à moi-même comme à tous ceux qui en seront affectés ? »

3. Je demanderai alors à mon cœur de me conseiller et de me guider par ses messages de confort ou d'inconfort. Si un choix m'apporte le confort, je m'y abandonnerai. S'il me donne une sensation d'inconfort, je ferai une pause et j'observerai les conséquences de mon action à l'aide de mon regard intérieur. Ces conseils me permettront de faire les choix spontanément justes pour moi comme pour autrui.

4

LA LOI DU MOINDRE EFFORT

L'intelligence de la nature prend le chemin
du moindre effort... Elle fonctionne
avec insouciance, harmonie et amour.

Lorsque nous exploitons les forces
de l'harmonie, de la joie et de l'amour,
nous créons naturellement le succès
et la bonne fortune.

Un être intégral sait sans aller; voit sans regarder; et accomplit sans agir.

LAO TSEU

La quatrième loi spirituelle du succès est la *Loi du Moindre Effort*. Cette loi se fonde sur le fait que l'intelligence de la nature fonctionne sans aucun effort, dans une insouciance pleine d'abandon. Ce principe est celui de la moindre action, de la non-résistance. Il est donc celui de l'harmonie et de l'amour. Lorsque nous avons appris cette leçon de la nature, nos rêves se réalisent d'eux-mêmes.

Si vous observez la nature au travail, vous verrez qu'elle suit le chemin du moindre effort. L'herbe n'essaie pas de pousser ; elle pousse. Les poissons n'essaient pas de nager ; ils nagent. Les fleurs n'essaient pas de fleurir ; elles fleurissent. Les oiseaux n'essaient pas de voler ; ils volent. Ils obéissent à leur nature intrinsèque. La Terre n'essaie pas de tourner autour de son axe ; c'est la nature même de la Terre que de tourner à une vitesse vertigineuse et de foncer à travers l'espace. La félicité est la nature des bébés. Briller est la nature du soleil. La nature des étoiles est d'étinceler et de scintiller. La nature de l'homme est de donner à ses rêves une manifestation et une forme matérielles, cela sans effort, naturellement.

Dans la science védique, la vénérable philosophie de l'Inde, ce principe est connu en tant que principe de l'économie d'effort, ou «Faire moins et accomplir plus». Il conduit au stade ultime où sans rien faire, vous accomplissez tout. Il permet à l'idée la plus fragile de trouver sa manifestation, sans qu'il en coûte le moindre effort. Ce qui est communément appelé un «miracle» est en réalité une expression de la *Loi du Moindre Effort*.

L'intelligence de la nature fonctionne sans difficulté, sans friction, spontanément. Elle n'est pas linéaire ; elle est intuitive, holistique et féconde. Donc, lorsque vous êtes en harmonie avec la nature, lorsque vous vous fondez sur la connaissance de votre vrai Moi, vous devenez capable d'utiliser la *Loi du Moindre Effort*.

La nature est construite par l'énergie de l'amour. Lorsque vos actions sont motivées par l'amour, elles ouvrent le chemin du moindre effort. Si vous recherchez le pouvoir et le contrôle sur autrui, vous gâchez l'énergie. Lorsque vous désirez l'argent ou le pouvoir pour vous seul, vous empêchez le flux de l'énergie de venir vers vous et vous interférez avec l'expression de l'intelligence de la nature. Mais lorsque vos actions sont motivées par l'amour, votre énergie se multiplie et s'accumule — et le surplus d'énergie dont vous bénéficiez et que vous pouvez utiliser peut être canalisé pour créer tout ce que vous souhaitez, ce qui inclut une richesse illimitée.

Voyez votre corps physique comme un dispositif de contrôle de l'énergie : il peut la produire, la stocker et la dépenser. Si vous savez comment produire, stocker et dépenser l'énergie d'une manière utile, alors vous pouvez créer n'importe quelle quantité de richesse. L'attention à l'ego consomme une quantité énorme d'énergie. Lorsque votre point de référence interne est votre ego, lorsque vous désirez le pouvoir et le contrôle sur autrui, ou lorsque vous recherchez l'approbation d'autres personnes, vous gâchez complètement l'énergie.

Mais une fois libérée, cette dernière peut être canalisée et utilisée pour créer tout ce que vous désirez. Si votre point de référence interne est votre esprit, si vous êtes immunisé contre les critiques et demeurez sans inquiétude en face de n'importe quel défi, vous êtes en mesure de vous laisser emporter par le pouvoir de l'amour. Alors vous pouvez utiliser l'énergie de manière créatrice et faire l'expérience de l'abondance et de l'évolution.

Dans *Voir*[1], don Juan dit à Carlos Castaneda : « ... La plupart de ton énergie te sert à conforter ta propre importance... Si nous étions capables de perdre un peu de cette importance, deux choses extraordinaires nous arriveraient. Tout d'abord, nous libérerions cette énergie de la tâche de maintenir l'idée

1. De Carlos Castaneda. *(N.d.T.)*

illusoire de notre grandeur ; et deuxièmement, nous pourrions l'utiliser pour jeter un coup d'œil sur la magnificence de l'univers. »

Trois composantes forment la *Loi du Moindre Effort* — trois manières d'agir qui permettent la mise en œuvre du principe «Faire moins et accomplir plus».

La première est l'acceptation. Elle suppose simplement que vous preniez la décision suivante : «Aujourd'hui j'accepterai les personnes, les situations et les circonstances telles qu'elles se présenteront.» Je saurai que ce moment est *comme il devrait être*, parce que l'univers entier est comme il devrait être. Cet instant, celui dont vous faites en ce moment l'expérience, est le point culminant de tous les instants dont vous avez fait l'expérience dans le passé. Il est ce qu'il est parce que l'univers entier est ce qu'il est.

Lorsque vous vous révoltez contre ce moment, vous vous révoltez contre tout l'univers. Vous pouvez donc décider qu'aujourd'hui, en ne vous rebellant plus contre l'instant, vous cesserez d'accuser l'univers. Votre *acceptation* sera donc totale et complète. Vous accepterez les choses comme elles *sont*, et non comme vous auriez voulu qu'elles soient à ce moment-là. Il est important que vous le compreniez : vous pouvez *souhaiter* que les choses soient différentes dans le futur, mais en *ce* moment, vous devez accepter les choses comme elles sont.

Lorsque vous vous sentez frustré ou énervé

par une personne ou par une situation, souvenez-vous que vous n'êtes pas en train de réagir à la personne ou à la situation, mais aux sentiments que font surgir en vous cette personne ou cette situation. Ce sont *vos* sentiments. Ils ne viennent pas d'une autre personne. Lorsque vous reconnaissez et comprenez cette réalité profondément, vous êtes prêt à prendre la responsabilité de ce que vous *ressentez* et à changer. Si vous pouvez accepter les choses comme elles sont, vous êtes désormais en mesure d'assumer l'entière responsabilité de votre situation face à tous les événements que vous considérez comme des problèmes.

Cela nous conduit à la deuxième composante de la *Loi du Moindre Effort* : la responsabilité. Que signifie ce mot ? Il veut dire ne blâmer personne — ce qui inclut vous-même — ni quoi que ce soit pour votre situation. Si vous acceptez la circonstance, l'événement, le problème, cette prise de responsabilité vous apporte la *capacité* de trouver une réponse créative à la situation *telle qu'elle est aujourd'hui*. Chaque difficulté contient les graines de l'opportunité. Ce type d'attention vous permet donc de saisir le moment et de le transformer en une réalité ou en une situation meilleures. Si vous appliquez ce principe, tous les bourreaux et tous les tyrans deviennent vos professeurs.

La réalité est une interprétation. Si vous choisissez d'interpréter la réalité selon ce principe, vous serez alors entouré d'un grand nombre de professeurs et de nombreuses opportunités d'évolution. A chaque fois que vous serez confronté à un tyran, à un bourreau, à un professeur, à un ami ou à un ennemi (mais il s'agit de la même chose), n'oubliez pas que : « Ce moment est ce qu'il devrait être. » Toutes les relations que vous attirez à ce moment précis sont précisément celles dont vous avez besoin. Il y a un sens caché derrière chaque événement. Ce sens caché est au service de votre propre évolution.

La troisième composante de la *Loi du Moindre Effort* est l'abandon. Celui-ci vous propose de laisser tomber le besoin de convaincre ou de persuader les autres de la justesse de votre point de vue. De cette manière, votre attention abandonne ses défenses. Si vous observez les gens autour de vous, vous verrez qu'ils passent quatre-vingt-dix pour cent de leur temps à défendre leurs opinions. Si vous renoncez à le faire, ce renoncement même vous donnera accès à une énorme quantité d'énergie, une énergie que vous aviez jusqu'alors gâchée.

Lorsque vous vous tenez sur la défensive, lorsque vous condamnez les autres et n'acceptez pas de vous abandonner au moment présent, votre vie rencontre de la résistance. A chaque fois que vous sentez une résistance, prenez conscience de ceci : si vous forcez la situation, la résistance grandira. Quel bénéfice y a-t-il à rester rigide comme le chêne qui se brisera et s'effondrera dans la tempête ? Choisissez plutôt d'être flexible, comme le roseau qui survit parce qu'il ploie sous l'orage.

Renoncez complètement à défendre votre point de vue. En n'ayant rien à défendre, vous empêcherez la naissance des conflits. Si vous persévérez — si vous cessez de vous battre et de résister — vous vivrez le présent dans son unité, sa complétude, ce qui est un don. Retenez cette réflexion, que j'ai entendue un jour : « Le passé est une histoire, le futur un mystère ; le moment présent est un don. C'est pourquoi ce moment est appelé "présent". »

Si vous embrassez le présent et devenez un avec lui, si vous vous fondez en lui, vous connaîtrez le feu, l'étincelle, le scintillement de l'extase qui palpite en chaque être sensible. Lorsque vous connaissez l'exultation de l'esprit qui se trouve en tout ce qui est vivant, lorsque vous devenez intime avec elle, la joie naît en vous. Et vous vous débarrassez de la terrible charge, de l'encombrement que représentent le besoin de se défendre, le ressentiment et la capacité à souffrir. Et votre cœur s'illumine, heureux et libéré de tout souci.

Cette liberté simple et joyeuse emplira votre cœur de la certitude que ce que vous désirez est accessible. Cela, parce que votre volonté aura atteint le niveau de la joie et quitté celui de l'anxiété ou de la peur. Et vous n'aurez besoin d'aucune justification. Vous n'aurez qu'à vous déclarer à vous-même votre intention, et vous connaîtrez à chaque instant la plénitude, la joie et une véritable liberté.

Engagez-vous à suivre le chemin de la non-résistance. C'est celui que prend l'intelligence de la nature, celui par lequel elle se manifeste, sans aucune friction, sans aucun effort. Lorsque vous vivez la merveilleuse combinaison de l'acceptation, de la responsabilité et de l'abandon, vous suivez le flux de la vie. Vous n'avez plus d'effort à faire.

Si vous restez ouvert à tous les points de vue — sans être rigidement attaché à aucun —, vos rêves et vos désirs s'écoulent par le même chemin que ceux de la nature. Vous pouvez alors libérer vos intentions, en les détachant de vous-même. Vous n'aurez plus qu'à attendre qu'elles fleurissent à la réalité. Soyez certain que lorsque ce moment arrivera, vos rêves se réaliseront. Telle est la *Loi du Moindre Effort*.

Pour appliquer la Loi du Moindre Effort

Je mettrai en œuvre la *Loi du Moindre Effort* en prenant la décision de suivre les étapes suivantes :

1. Je pratiquerai l'abandon. Aujourd'hui, j'accepterai les personnes, les situations, les circonstances et les événements comme ils se présentent. Je saurai que ce moment est tel qu'il doit être parce que l'univers entier est tel qu'il doit être. Je ne me rebellerai pas contre l'univers entier en me rebellant contre ce moment. Mon abandon est total et complet. J'accepte les choses comme elles sont à cet instant, et non pas comme je voudrais qu'elles soient.

2. Ayant accepté les choses comme elles sont, j'assumerai la responsabilité de ma situation en face de tous les événements que je considérerai comme des problèmes. Je sais qu'assumer ma responsabilité veut dire ne blâmer personne pour cette situation — y compris moi-même. Je sais aussi que tout problème est une opportunité déguisée. Cette attention aux opportunités me permettra de saisir ce moment et de le transformer en un grand bienfait.

3. Aujourd'hui mon attention restera établie dans la confiance. J'abandonnerai le besoin de défendre mon point de vue. Je ne ressentirai pas non plus celui de convaincre ou de persuader les autres de l'accepter. Je resterai ouvert à tous les points de vue et ne serai strictement attaché à aucun.

5

LA LOI DE L'INTENTION
ET DU DÉSIR

Chaque intention, chaque désir génère sa
propre
mécanique d'auto-satisfaction...
Les intentions et les désirs, lorsqu'ils
s'enracinent dans le champ de pure potentialité,
acquièrent un pouvoir d'organisation
sans limites.

Lorsque nous introduisons une intention
dans le sol fertile de la pure potentialité,
nous faisons travailler pour nous ce pouvoir
d'organisation infini.

*Au début il y avait le désir ; qui était
la première graine de l'esprit. Les
sages, ayant médité dans leurs cœurs,
découvrirent dans leur sagesse la
connexion de l'existant au
non-existant.*

Hymne de la Création, Rig-Veda

La cinquième loi spirituelle du succès est la *Loi de l'Intention et du Désir*. Cette loi se fonde sur le fait que l'énergie et l'information existent partout dans l'univers. Au niveau quantique, il n'y a d'ailleurs rien d'autre que de l'énergie et de l'information. Or le champ quantique n'est qu'un autre nom du champ de pure conscience, ou de pure potentialité, et il est influencé par l'intention et le désir. Examinons ce processus en détail.

Une fleur, un arc-en-ciel, un arbre, un brin d'herbe, un corps humain, réduits à leurs composants essentiels, ne sont qu'énergie et information. L'univers entier, dans sa nature essentielle, est le mouvement de l'énergie et de l'information. La différence entre vous et un arbre vient du contenu informationnel et énergétique de vos corps respectifs.

Sur le plan matériel, vous et l'arbre êtes faits des mêmes éléments : une majorité de carbone, de l'hydrogène, de l'oxygène, du nitrogène, auxquels s'ajoutent, en très petites quantités, quelques autres éléments. Pour quelques dizaines de francs, vous pourriez acheter ces produits dans un grand magasin.

Ainsi la différence entre vous et l'arbre ne se tient ni dans le carbone, ni dans l'hydrogène ou l'oxygène. En réalité, vous et l'arbre échangez constamment du carbone et de l'oxygène. La seule différence entre vous vient de l'énergie et de l'information.

Dans le schéma de la nature, nous, êtres humains, sommes une espèce privilégiée. Notre système nerveux est en effet capable de prendre conscience du champ localisé qui donne forme à notre corps physique, ainsi que de son contenu en information et en énergie. Nos pensées, nos sentiments, nos émotions, nos désirs, notre mémoire, notre instinct, nos croyances et nos actes nous offrent une expérience subjective de ce champ. Mais nous en faisons aussi l'expérience objective en le vivant comme corps physique. A travers le corps, nous vivons ce champ en tant que monde. Mais tout se révèle en réalité être la même chose. C'est pourquoi les anciens disaient : « Je suis ceci, tu es ceci, tout est ceci et ceci est tout ce qui existe. »

Votre corps n'est pas séparé du corps de l'univers, parce qu'au niveau du quantum il n'existe pas de frontière définie entre vous et l'univers. Vous êtes un frémissement, une onde, une fluctuation, une convergence, un tourbillon, un trouble localisé dans un champ quantique plus large. Le champ quantique élargi — l'univers — est votre corps étendu.

Le système nerveux humain n'est pas le seul système capable de devenir conscient des informations et de l'énergie de son propre champ quantique. Mais grâce à ses merveilleuses facultés, la conscience humaine est infiniment plus flexible que les autres consciences. Elle nous offre la possibilité de transformer consciemment le contenu d'informations qui donne vie à notre corps physique. Vous pouvez donc modifier le contenu en énergie et en information de votre propre corps quantique, et ainsi influencer le contenu en information et en énergie de votre corps étendu — votre environnement, votre monde — et y provoquer la manifestation des choses.

Ce changement est rendu possible par deux qualités de la conscience : l'attention et l'intention. L'attention énergétise, et l'intention transforme. Tout ce à quoi vous portez attention grandit. Tout ce à quoi vous ôtez votre attention pâlit, se désintègre et disparaît. L'intention, elle, agit sur la transformation de l'énergie et de l'information. L'intention organise sa propre réalisation.

L'*intention*, appliquée à l'objet de l'*attention*, orchestre une infinité d'événements spatio-temporels. Elle apporte donc à celui qui met en œuvre les autres lois spirituelles le résultat désiré. Cela, parce que l'intention, lorsqu'elle est plantée dans le sol fertile de l'attention, possède un pouvoir infini d'organisation. Celui-ci est capable, en un seul instant, d'organiser une infinité d'événements spatio-temporels. Nous en voyons l'expression dans chaque brin d'herbe, dans chaque fleur de pommier, dans chaque cellule de notre corps. Nous l'observons dans tout ce qui est vivant.

Dans le schéma de la nature, tout est corrélé et connecté avec tout. Quand les marmottes sortent de terre, vous savez que le printemps va arriver. Les oiseaux migrateurs s'envolent dans une certaine direction, à un certain moment de l'année. La nature est une symphonie. Et cette symphonie s'orchestre silencieusement dans le cœur ultime de la création.

Le corps humain est un autre bon exemple de cette symphonie. Une seule de ses cellules génère environ six milliards de milliards d'actions par seconde. Et tout en accomplissant sa tâche, elle sait ce que font toutes les autres cellules au même moment. Si le corps humain peut simultanément jouer de la musique, s'attaquer aux microbes, concevoir un enfant, réciter de la poésie et observer le mouvement des étoiles, c'est parce que le champ infini des corrélations fait partie de son champ d'information.

Ce qui est remarquable dans le système nerveux de l'espèce humaine, c'est qu'il peut diriger ce pouvoir d'organisation par l'intermédiaire d'une intention consciente. Chez l'homme, l'intention n'est pas fixée ou bloquée dans un réseau rigide d'énergie et d'information. Son système nerveux possède une flexibilité sans limites. En d'autres termes, aussi longtemps que vous ne transgressez pas les autres lois de la nature, vous pouvez littéralement les utiliser pour réaliser vos rêves et vos désirs, par l'intermédiaire de l'intention.

Vous pouvez faire travailler pour vous l'ordinateur cosmique et son immense pouvoir d'organisation. Vous pouvez atteindre le champ ultime de la création, y introduire une intention et ainsi activer le champ des corrélations infinies.

L'intention offre un terrain d'action au flot libre et spontané de la pure potentialité, qui cherche son expression du non-manifesté au manifesté. La seule condition à ce pouvoir est que vous l'utilisiez pour le bénéfice de l'humanité. Lorsque vous êtes en accord avec les sept lois spirituelles du succès, il devient naturel, automatique.

L'intention est le pouvoir réel du désir. A elle seule, elle est très puissante, parce qu'elle est le désir sans l'attachement aux résultats. Le désir seul est faible, parce que chez la plupart des personnes l'intention est liée à l'attachement. L'intention est un désir en stricte adhésion aux autres lois, mais surtout à celle du détachement.

L'intention combinée au détachement conduit à une conscience centrée sur la vie et sur le moment présent. Lorsque l'action est conduite dans l'esprit du moment présent, elle se révèle plus efficace. Vos intentions concernent votre futur; mais votre attention doit se situer dans le présent. Vos intentions, si elles sont centrées sur le présent, trouveront dans le futur leur manifestation. Car le futur se crée dans le présent.

Vous devez accepter le présent comme il est. Accepter le présent et souhaiter le futur. Vous pouvez toujours créer le futur par une intention détachée, mais vous ne devriez jamais vous rebeller contre le présent.

Le passé, le présent et le futur sont des propriétés de la conscience. Le passé est mémoire, souvenir ; le futur est anticipation ; le présent est conscience. Le temps est le mouvement de la pensée. Le passé et le futur naissent de l'imagination ; seul le présent, qui est conscience, est réel et éternel. Il *est*. Pour l'espace-temps, la matière et l'énergie, il est la potentialité. Le présent est le champ éternel des possibilités s'expérimentant elles-mêmes en tant que forces abstraites comme la lumière, la chaleur, l'électricité, le magnétisme ou la gravité. Ces forces n'appartiennent ni au passé, ni au futur. Elles *sont*.

Notre interprétation de ces forces abstraites nous offre l'expérience des phénomènes et des formes concrètes. Les souvenirs de ces interprétations forment l'expérience du passé. Des interprétations anticipées de ces mêmes forces créent le futur.

Ces forces représentent les pouvoirs de l'attention. Lorsque ceux-ci sont libérés de la charge du passé, alors l'action du moment devient le champ fertile de la création du futur. L'intention, enracinée dans cette liberté détachée du présent, sert de catalyseur à un mélange de matière, d'énergie et d'événements de l'espace-temps capable de créer tout ce que vous désirez.

Si votre conscience est centrée sur la vie et sur le moment présent, alors les obstacles imaginaires — qui représentent plus de quatre-vingt-dix pour cent des obstacles perçus — peuvent être transformés en opportunités par une intention dirigée.

L'intention dirigée est inflexible. Elle suppose que vous mainteniez votre attention fixée sur le résultat attendu de manière si ferme que rien ne puisse dissiper le foyer de votre attention. Tout ce qui fait obstacle à votre conscience doit être complètement exclu. Vous devez devenir capable de maintenir une totale sérénité tout en étant passionnément, intensément tendu vers votre but. C'est le pouvoir qu'apportent l'attention détachée et l'intention inflexible quand elles sont simultanées.

Apprenez à maîtriser le pouvoir de l'intention et vous pourrez créer tout ce que vous désirez. Vous pouvez aussi, bien sûr, obtenir des résultats en procédant par effort et tâtonnements. Mais à quel prix... Stress, fatigues cardiaques, dégradation des fonctions de votre système immunitaire... Mieux vaut donc utiliser la *Loi de l'Intention et du Désir*, qui vous permettra de générer votre propre pouvoir et dont voici les cinq étapes :

1. Glissez-vous dans l'ouverture. Faites de cet espace silencieux qui s'étend entre les pensées le centre de vous-même et

entrez dans le silence, ce niveau de l'Etre qui est votre essence.

2. Une fois établi en cet état d'Etre, laissez s'exprimer vos intentions et vos désirs. Lorsque vous êtes dans l'ouverture, il n'existe plus ni pensée ni intention, mais au moment où vous en sortez — au moment où se crée le lien entre l'ouverture et la pensée — exprimez votre intention. Si vous avez plusieurs désirs, vous pouvez les écrire et ainsi les avoir plus présents à l'esprit avant d'entrer dans l'ouverture. Si vous souhaitez une réussite professionnelle, par exemple, pénétrez dans l'ouverture avec ce désir. Il vous y accompagnera, sous la forme d'un léger vacillement de votre attention. Ce sera alors comme si vous plantiez ce désir dans le champ fertile de la pure potentialité. Pour le voir fleurir, vous n'aurez plus qu'à attendre la bonne saison. Il ne faut pas, ensuite, vouloir déterrer ces graines pour vérifier qu'elles poussent bien, ni vous attacher à la manière dont elles vont se manifester.

3. Restez dans l'état de référence au Soi. Continuez à fonder votre existence sur l'existence de votre vrai Moi — votre esprit, votre connexion au champ de pure potentialité. Ne vous regardez plus avec les yeux du monde, ne vous laissez plus influencer par les opinions et les critiques d'autrui. Un bon moyen de

maintenir l'état de référence au Soi est de garder vos désirs pour vous ; ne les partagez qu'avec les personnes qui vous comprennent parfaitement, parce qu'elles ont exactement les mêmes buts que vous.

4. Abandonnez tout attachement aux résultats. Laissez tomber toute idée rigide quant à ce qu'ils devraient être, et entrez dans la sagesse de l'incertain. Appréciez chaque moment de ce voyage qu'est votre vie, et cela même si vous n'en connaissez pas le but.

5. Laissez l'univers se charger des détails. Vos intentions et vos désirs, lorsqu'ils atteignent l'ouverture, la brèche, acquièrent un pouvoir d'organisation sans limites. Ayez confiance en ce pouvoir de l'intention et en sa faculté d'orchestrer les détails.

N'oubliez pas que votre vraie nature est celle de l'esprit. Quoi que vous fassiez, prenez-en conscience et laissez doucement aller vos désirs. L'univers s'occupera du reste.

Pour appliquer la Loi
de l'Intention et du Désir

Je mettrai en œuvre la *Loi de l'Intention et du Désir* en prenant la décision de suivre les étapes suivantes :

1. J'établirai une liste de tous mes désirs. Je la porterai sur moi où que j'aille. Je la relirai avant d'entrer dans le silence et la méditation. Je la relirai également tous les soirs, avant d'aller me coucher, et tous les matins lorsque je me réveillerai.

2. Je confierai ces désirs à la matrice de la création. Je saurai alors que, si les choses ne se présentent pas comme je le souhaite, c'est qu'il existe une raison à cela. Je saurai que les plans cosmiques ont pour moi des projets bien plus importants que ceux que j'ai imaginés.

3. Je n'oublierai pas, quels que soient mes actes, de pratiquer la conscience du moment présent. Je ne permettrai pas aux obstacles de consumer cette attention au moment présent. J'accepterai ce présent comme il vient et je créerai la manifestation du futur par mon attention et mes désirs les plus profonds, et les plus chers.

6

LA LOI DU DÉTACHEMENT

Dans le détachement se cache
la sagesse de l'incertain.
Cette sagesse nous libère des entraves créées
par le passé, par le connu.
Elle ouvre la porte de la prison qu'a construite
notre conditionnement au passé.

En acceptant d'entrer dans l'inconnu,
dans le champ de tous les possibles,
nous nous abandonnons
à l'esprit créatif, au chorégraphe
de la danse de l'univers.

Comme deux oiseaux d'or perchés sur l'arbre du Soi-Même, comme deux amis intimes, l'Ego et le Soi se répondent dans le même corps. Le premier mange les fruits doux et amers de l'arbre de la vie, le second l'observe dans le détachement.

Mundaka Upanishad

La sixième loi spirituelle du succès est la *Loi du Détachement*. Elle nous explique que pour acquérir quoi que ce soit dans l'univers physique, il faut savoir s'en détacher. Cela ne veut pas dire que vous deviez abandonner l'intention de réaliser vos désirs. Ce que vous devez laisser tomber n'est ni l'intention, ni le désir, mais votre attachement aux résultats.

Vous acquerrez ainsi un grand pouvoir. Au moment même où vous abandonnez votre attachement au résultat, et si vous mêlez à cet abandon une intention inflexible, vous recevrez ce que vous souhaitez.

L'attachement est construit sur la peur et sur l'insécurité ; le besoin de sécurité vient de l'ignorance du vrai Soi. Donc tout ce que vous souhaitez peut être acquis par le détachement.

La source de la santé, de l'abondance et de tout ce qui vient du monde physique est le vrai Soi. C'est la conscience qui sait comment répondre à ses besoins. Tout le reste — voitures, argent, maisons, vêtements — n'est que symboles. Poursuivre un symbole est comme considérer la carte au lieu du territoire. Cela crée de l'anxiété et débouche sur une impression de vacuité intérieure : vous avez confondu votre Soi avec les symboles de votre Soi.

L'attachement, parce qu'il s'adresse toujours aux symboles, naît de la pauvreté de la conscience. Le détachement est synonyme d'une richesse de la conscience. L'arbre du détachement est celui de la liberté de créer. Vous ne pourrez obtenir la joie et les rires qu'à travers le détachement, qui crée spontanément, naturellement, les symboles de la richesse. Sans le détachement, nous sommes prisonniers de la vanité et du désespoir. Nous avons alors besoin de mondanités, nous poursuivons des buts vulgaires, nous cultivons un désespoir tranquille et nous voulons absolument être reconnus — autrement dit nous vivons les aspects reconnaissables d'une existence médiocre et d'une conscience indigente.

Une conscience riche confère la possibilité de tout recevoir, à chaque instant et sans effort. Pour vivre cette expérience, il vous faut être enraciné dans la sagesse de l'incertain. En elle, vous trouverez la liberté de créer tout ce que vous souhaitez.

La plupart des êtres humains passent leur temps à rechercher la sécurité. Mais l'attachement à l'argent est un signe d'insécurité. Or la sécurité est toujours très éphémère. Vous pouvez vous dire : « Quand j'aurai tant de millions de francs, je serai en sécurité, financièrement indépendant et je pourrai donc prendre ma retraite et faire enfin tout ce que je rêve de faire.» Mais cela n'arrivera jamais. JAMAIS.

Ceux qui recherchent la sécurité y consacrent leur vie, sans jamais la trouver. Elle reste toujours illusoire et de courte durée, parce qu'elle ne peut pas venir de l'argent seul. Quelle que soit l'importance d'un compte en banque, l'attachement à l'argent crée l'insécurité. Certaines des personnes les plus riches de cette terre sont en réalité les plus vulnérables. La recherche de la sécurité est une illusion. Les anciennes sagesses expliquent que la solution à cette quête sans issue réside dans la sagesse de l'incertain. Cela signifie que la recherche du sûr, du certain, vient de l'attachement au connu. Et qu'est-ce que le connu? C'est notre passé. Le connu n'est rien d'autre que la prison créée par le conditionnement au passé. Il ne génère aucune possibilité d'évolution, absolument aucune. Et quand il n'y a pas d'évolution, il ne reste que stagnation, entropie, désordre et décadence.

L'incertain, au contraire, est le sol fertile de la créativité pure et de la liberté. L'incertain est là lorsque chaque moment de votre existence constitue un pas dans l'inconnu. L'inconnu est le champ de tous les possibles, à jamais pur et neuf, à jamais ouvert à la création de nouvelles manifestations.

Sans l'incertain et l'inconnu, la vie n'est que la répétition de vieux souvenirs usés.

Nous y sommes des victimes du passé. Ce qui nous fait souffrir aujourd'hui n'est que ce qui reste de notre moi d'hier.

Abandonnez votre attachement au connu, accueillez l'inconnu et vous pénétrerez dans le champ de tous les possibles. Lorsque vous décidez de faire votre chemin dans l'inconnu, vous découvrez la sagesse de l'incertain, parce qu'elle se trouve sur ce chemin. Et, à chaque instant, vous connaîtrez l'exaltation, l'aventure et le mystère.

Vous ferez l'expérience de la passion de vivre — celle de la magie, de la célébration, de la joie, et de l'exultation de votre propre esprit. Vous vivrez chaque jour le plaisir de découvrir ce qui peut advenir dans ce champ de tous les possibles. Lorsque vous vivez l'incertain, vous êtes sur le bon chemin. Alors n'abandonnez pas, n'ayez jamais une idée rigide de ce que vous ferez la semaine ou l'année prochaine. Parce que lorsque vous avez une idée claire de ce qui va arriver et y restez strictement attaché, vous détruisez tout un pan de possibilités.

L'une des caractéristiques du champ de tous les possibles est l'infinie corrélation. Pour créer le résultat d'une intention, ce champ est capable d'orchestrer une infinité d'événements spatio-temporels. Lorsque vous êtes attaché au résultat, votre intention reste prisonnière d'un réseau rigide de pensées. Elle ne peut atteindre la fluidité, la créativité et la spontanéité inhérentes à ce champ. En d'autres termes, vous gelez votre désir qui, d'une infinie fluidité — ou flexibilité —, se transforme en un objet rigide, qui interfère donc avec tout le processus de création.

La *Loi du Détachement* ne s'oppose pas à celle de l'Intention et du Désir, ni avec la volonté d'atteindre un but. Votre intention d'aller dans une certaine direction est la même et vous avez toujours un but. Mais entre le point A et le point B, il existe une infinité de chemins. Si vous y intégrez la sagesse de l'incertain, vous pourrez à tout moment changer de direction pour, par exemple, vous diriger vers un idéal supérieur ou vers un but plus intéressant. Vous aurez moins tendance à forcer les solutions, ce qui vous permettra de rester éveillé aux opportunités.

La *Loi du Détachement* accélère le processus d'évolution. Quand vous la comprenez, vous n'êtes plus tenté de forcer les solutions, ce qui vous évite de créer de nouveaux problèmes. Vous tourner vers l'incertain, le reconnaître, alors même que vous attendez que la solution émerge du chaos et de la confusion, crée l'apparition de l'excitant, du fabuleux.

Cet état d'alerte, cette ouverture au présent, au champ de l'incertain, favorise la rencontre de votre intention et de son but, et vous permet de saisir les opportunités. Car chacun de vos problèmes porte le germe de l'opportunité, et celui-ci génère de véritables bienfaits.

Lorsque vous le réalisez, vous vous ouvrez à un domaine entier de possibles — et au mystère, au miracle, à l'aventure, au plaisir.

Considérez donc chacun de vos problèmes comme la source cachée d'un grand bienfait. Vous y parviendrez en vous fondant sur la sagesse de l'incertain. L'opportunité rencontrera alors votre attention et les solutions apparaîtront spontanément. C'est ce qu'on appelle communément «avoir de la chance». Mais la chance n'est rien d'autre que la rencontre de l'opportunité et de l'attention. Quand cette rencontre se produit et qu'elle est conjointe à un éveil au chaos, la solution qui en émerge est à la fois bonheur et source d'évolution, pour vous et pour toutes les personnes avec lesquelles vous êtes en contact.

Ceci est la parfaite recette du succès. Elle se fonde sur la *Loi du Détachement*.

Pour appliquer la Loi du Détachement

Je mettrai en œuvre la *Loi du Détachement* en prenant les décisions suivantes :

1. Aujourd'hui je me consacrerai au détachement. J'offrirai, à moi comme à autrui, la liberté d'être ce que nous sommes. Je n'imposerai pas mes idées de ce qui devrait être. En ne cherchant pas à tout prix une solution à mes problèmes, je n'en provoquerai pas d'autres. Je participerai à tout avec un engagement détaché.

2. Aujourd'hui j'agirai dans l'incertain en considérant cela comme un ingrédient essentiel de mon expérience. Grâce à ma décision d'accepter l'incertain, les solutions surgiront spontanément des problèmes, de la confusion, du désordre, du chaos. Plus les choses me sembleront incertaines, plus je me sentirai en sécurité, parce que l'incertain est mon chemin vers la liberté. Dans la sagesse de l'incertain, je trouverai ma sécurité.

3. J'entrerai dans le champ de tous les possibles et j'anticiperai le bonheur de rester ouvert à une infinité de choix. Je ferai alors l'expérience de la joie, de l'aventure, de la magie et du mystère de la vie.

7

LA LOI DU DHARMA
OU BUT DE LA VIE

Tout le monde a une mission dans la vie…
un don unique
ou un talent spécial à offrir à autrui.

Lorsque nous mettons ce talent
particulier au service
des autres, nous connaissons l'extase
et l'exultation de notre propre esprit, lui
qui est le but ultime de tous les buts.

Lorsque vous travaillez, vous êtes une flûte au cœur de laquelle les heures se changent en musique.
Qu'est-ce que travailler avec amour ? C'est tisser un vêtement avec les fils tirés de votre cœur, comme s'il était destiné à votre bien-aimé.

Khalil GIBRAN, *le Prophète*

La septième loi spirituelle du succès est la *Loi du Dharma*. Dharma est un mot sanscrit qui signifie «le but de la vie».

Nous avons pris une forme physique pour réaliser un objectif : c'est ce qu'explique la *Loi du Dharma*. Le champ de pure potentialité est la divinité dans son essence et le divin prend forme humaine dans un but bien précis.

Selon cette loi, vous possédez un talent particulier, ainsi qu'une manière unique de l'exprimer. Il existe quelque chose que vous pouvez accomplir mieux que qui que ce soit dans le monde entier. Chaque talent particulier, comme chaque expression unique de ce talent, répond aussi à des besoins spécifiques. Et lorsque ces besoins rencontrent l'expression créative de votre talent, il surgit de cette rencontre l'étincelle génératrice de l'abondance.

Exprimer son talent pour répondre à ces besoins crée une richesse et une abondance illimitées. Si vous élevez un enfant dans cette pensée, vous vous rendrez compte des effets qu'elle aura sur sa vie. J'ai éduqué mes propres enfants de cette manière. Je n'ai cessé de leur répéter qu'il y avait une raison à leur vie sur terre et qu'ils devaient la trouver. Je leur ai tenu ce discours dès qu'ils eurent atteint l'âge de quatre ans. Au même âge, je leur ai aussi appris à méditer. Je leur ai dit : « Vous ne devez jamais vous inquiéter pour votre futur. Si, devenus adultes, vous ne gagnez pas votre vie, je pourvoirai à vos besoins. Je ne veux pas que vous soyez obsédés par l'idée de réussir à l'école, ni par celle d'obtenir les meilleurs diplômes ou d'aller dans les meilleures universités. Ce qui doit vous obséder, c'est de chercher comment vous pouvez servir l'humanité et de découvrir vos talents particuliers. Vous avez un talent particulier et une manière unique de l'exprimer. Personne d'autre ne le possède. »

Mes enfants sont allés dans les meilleures écoles, et ils ont obtenu les meilleurs diplômes. Ils sont devenus financièrement indépendants avant d'entrer à l'université. Cela, parce qu'ils n'ont qu'une obsession : ce qu'ils peuvent donner au monde. Voilà la *Loi du Dharma*.

Il existe trois composantes à la *Loi du Dharma*. La première précise que chacun est sur terre pour trouver son vrai Soi, et pour découvrir par lui-même qu'il est spirituel, que nous sommes des êtres spirituels qui avons pris manifestation dans un corps physique. Nous ne sommes pas des êtres humains qui

102

font, à l'occasion, une expérience spirituelle. Au contraire, nous sommes des êtres spirituels qui vivons une expérience humaine.

Nous sommes ici pour trouver notre moi supérieur, notre moi spirituel. Ceci est la première étape de la *Loi du Dharma*. Nous devons découvrir par nous-même, qu'au fond de nous, un dieu ou une déesse veut naître afin que nous exprimions notre divinité.

La seconde composante de la *Loi du Dharma* est l'expression de notre talent particulier. Cette loi explique que chaque être possède un don particulier. Ce don est unique par son expression, si unique qu'aucun être vivant sur cette planète ne le possède, ou tout au moins ne peut en donner la même expression.

Cela signifie qu'il existe quelque chose que vous pouvez faire mieux que tout autre habitant de la terre. En mettant ce don en œuvre, vous quittez le fil du temps. L'expression de ce talent unique — ou, très souvent, de ces talents uniques — vous éveille à l'intemporel.

La troisième composante de la *Loi du Dharma* est le service de l'humanité. Servir vos semblables, c'est répondre à la question : «Comment puis-je aider ? Comment puis-je être utile à tous ceux que je rencontre ?»

Lorsque vous mettez l'expression unique de votre talent au service de l'humanité, vous utilisez pleinement la *Loi du Dharma*. Cela, couplé à l'expérience de votre spiritualité, celle du champ de pure potentialité, vous ouvre *automatiquement* l'accès à une abondance illimitée. Cette loi est en effet celle qu'utilise *réellement* l'abondance pour se manifester.

Cette abondance n'est pas temporaire. Elle est permanente, car elle naît de votre talent particulier, de votre manière de l'exprimer et du don de ce talent à vos semblables. Si, au lieu de vous poser la question : « Que peut me rapporter ceci ? », vous vous demandez plutôt : « Comment puis-je aider ? », vous saurez comment offrir ce don.

La question « Que peut me rapporter ceci ? » vient du dialogue intérieur de l'ego. « Comment puis-je aider ? » est une question que pose l'esprit. L'esprit est le domaine de conscience qui vous offre l'expérience de votre universalité. En transformant tout simplement votre dialogue intérieur, c'est-à-dire en passant de la question « Que peut me rapporter ceci ? » à « Comment puis-je aider ? » vous passez automatiquement au travers de l'ego, et vous entrez dans le royaume de votre esprit. Si la méditation est le meilleur moyen d'accéder à l'esprit, ce glissement de votre dialogue intérieur vers le « Comment puis-je aider ? » vous ouvre aussi ce chemin.

Si vous voulez utiliser pleinement la *Loi du Dharma*, vous devez prendre plusieurs dispositions.

La première est celle-ci : « Je vais chercher mon moi supérieur, celui qui se trouve au-delà de mon ego, à l'aide de la pratique spirituelle. »

Voici la seconde : « Je vais découvrir mon talent particulier, et en le trouvant, je connaîtrai la joie. Car le processus de la joie se met en place lorsque j'entre dans une conscience intemporelle. Il se manifeste lorsque je suis en état de grâce. »

Et la troisième : « Je vais me demander de quelle manière je peux servir au mieux l'humanité. Je répondrai à cette question et je mettrai le résultat en pratique. J'utiliserai mon talent particulier pour répondre aux besoins de mes semblables. Je provoquerai la rencontre de ces besoins et de mon désir d'aider et de servir autrui. »

Installez-vous au calme et établissez une liste de réponses aux deux questions suivantes :
« Si l'argent n'avait pas d'importance, si vous aviez autant d'argent et de temps qu'il vous est possible de l'imaginer, que feriez-vous ? »
Si vous choisissez de poursuivre votre action actuelle, alors vous êtes dans le dharma, parce que vous ressentez de la passion pour ce que vous faites — vous exprimez votre talent particulier.

Demandez-vous ensuite : « De quelle manière puis-je le mieux servir l'humanité ? »

Répondez à cette question et mettez-vous au travail.

Découvrez votre divinité, puis votre talent particulier, mettez celui-ci au service de l'humanité, et vous pourrez générer toute la richesse que vous désirez. Lorsque votre expression créative rencontre les besoins de vos semblables, la richesse jaillit spontanément du non-manifesté au manifesté, du royaume de l'esprit au monde de la forme. Vous découvrirez alors que votre vie est une expression miraculeuse de la divinité — pas seulement occasionnellement, mais à chaque instant. Et vous connaîtrez la vraie joie et le vrai sens du succès — l'extase et l'exultation de votre propre esprit.

Pour appliquer la Loi
du Dharma ou but de la vie

Je mettrai en œuvre la *Loi du Dharma* en prenant les décisions suivantes :

1. Aujourd'hui, je nourrirai avec amour le dieu ou la déesse qui vit au plus profond de mon âme. Je porterai mon attention à l'esprit qui, à l'intérieur de moi, anime mon corps et ma pensée. Je m'éveillerai à la profonde tranquillité de mon cœur. Je vivrai la conscience intemporelle, l'Etre éternel et cela jusqu'au plus profond de l'expérience temporelle.

2. Je vais établir une liste de mes talents particuliers. J'y noterai ce que j'aime faire, ce qui exprime mes talents. Lorsque je mettrai ces talents en action, pour le service de l'humanité, j'échapperai au temps et je créerai l'abondance, aussi bien pour moi que pour autrui.

3. Je me poserai chaque jour les questions suivantes : «Comment puis-je servir?» «Comment puis-je aider?»

Les réponses à ces deux questions me permettront d'aider et de servir mes semblables avec amour.

CONCLUSION

Je veux connaître les pensées de Dieu... Tout le reste n'est que détail.

Albert EINSTEIN

Avec une élégante précision et une intelligence sans faille, l'esprit universel orchestre tout ce qui advient au sein des milliards de galaxies. Son intelligence est suprême, absolue. Elle pénètre chaque fibre de l'existence, du plus petit au plus grand, de l'atome au cosmos. Tout ce qui vit est son expression. Et elle opère à travers les Sept Lois Spirituelles.

On retrouve l'expression de ces lois dans le fonctionnement des cellules du corps humain. Chaque cellule, qu'elle appartienne à l'estomac, au cœur ou au cerveau, naît de la *Loi de Pure Potentialité*. L'ADN en est le parfait exemple : il est l'expression matérielle de la pure potentialité. Des cellules très différentes utilisent le même ADN. Pour répondre aux demandes d'une cellule particulière, il s'y exprime de manière particulière.

Les cellules opèrent également par la *Loi du Don*. Le dialogue intérieur de toutes les cellules du corps humain est celui-ci : «Comment puis-je servir?» Les cellules du cœur veulent aider celles du système immunitaire. Celles-ci, à leur tour, font tout pour les cellules de l'estomac ou des poumons; les cellules du cerveau écoutent toutes les autres, puis leur viennent en aide. Toutes ces cellules n'ont qu'une fonction : aider toutes les autres.

La *Loi du Moindre Effort* est aussi merveilleusement exécutée par les cellules : elles font leur travail avec une tranquille efficacité, dans un paisible état d'alerte.

A travers la *Loi de l'Intention et du Désir*, les intentions de chaque cellule utilisent le pouvoir infini de l'intelligence de la nature. Une intention aussi simple que le métabolisme d'une molécule de sucre génère immédiatement et dans tout le corps une harmonie d'événements, au sein desquels, pour convertir cette molécule de sucre en pure énergie, les hormones doivent être sécrétées à un moment précis.

Les cellules expriment bien sûr la *Loi du Détachement*. Elles sont détachées du résultat de leurs intentions. Elles ne font pas d'erreur, elles ne trébuchent pas, car leur comportement est une fonction de la conscience centrée sur la vie, une conscience du moment présent.

Les cellules obéissent également à la *Loi du Dharma*. Elles doivent découvrir leur propre source, le Soi supérieur; elles doivent servir leurs semblables et exprimer leurs talents particuliers. Les cellules du cœur, de l'estomac ou du système immunitaire ont toutes

110

leur source dans un Soi supérieur, le champ de pure potentialité. Et, comme elles sont directement reliées à l'ordinateur cosmique, elles sont capables d'exprimer leur talent particulier sans effort, naturellement, cela au cœur de la conscience de l'intemporel.

En exprimant tout simplement leur talent particulier, elles maintiennent à la fois leur propre intégrité et celle du corps tout entier.

Lorsque nous observons le comportement des cellules de notre corps, nous contemplons l'expression la plus extraordinaire et la plus efficace des sept lois spirituelles : le génie de l'intelligence de la nature, les pensées de Dieu.

Le reste n'est que détail.

Les sept lois spirituelles du succès sont des principes puissants. Ils vous permettront d'atteindre la maîtrise de vous-même.

Si vous leur donnez votre attention et suivez les étapes décrites dans ce livre, vous découvrirez que vous pouvez provoquer la manifestation de tout ce que vous souhaitez — vous recevrez toute l'abondance, tout l'argent et tout le succès dont vous rêvez. Votre vie deviendra aussi plus heureuse et plus riche, dans tous les domaines, car ces lois sont aussi les lois spirituelles de la vie, celles qui donnent son sens à cette vie.

Il existe un ordre naturel à l'application de ces lois au quotidien. Cet ordre peut vous aider à vous remémorer chacune d'elles.

La *Loi de Pure Potentialité* s'expérimente

par le silence, la méditation, le non-jugement et la communion avec la nature, mais elle est activée par la *Loi du Don*. Le principe de la *Loi du Don* est d'apprendre à offrir ce que vous souhaitez recevoir. Vous activerez de cette manière la *Loi de Pure Potentialité*. Si vous souhaitez l'abondance, offrez l'abondance. Si vous avez besoin d'argent, partagez le vôtre. Si vous espérez l'amour, le respect et l'affection, apprenez à donner l'amour, le respect et l'affection.

Les actions auxquelles vous conduira la *Loi du Don* activeront à leur tour la *Loi du Karma*. Vous créerez en effet un bon karma, ce qui rendra votre vie plus facile. Vous n'aurez donc plus autant d'efforts à déployer pour réaliser vos désirs, ce qui vous conduira automatiquement à la *Loi du Moindre Effort*.

Lorsque tout deviendra facile, naturel, et que vos rêves commenceront à se réaliser, vous comprendrez instinctivement la *Loi de l'Intention et du Désir*. Voir vos désirs se réaliser spontanément vous aidera beaucoup à mettre en pratique la *Loi du Détachement*.

Enfin, le fait de commencer à comprendre toutes ces lois vous poussera à chercher le vrai but de votre vie, ce qui vous conduira à la *Loi du Dharma*.

En mettant cette loi en action, en exprimant votre talent particulier et en répondant aux besoins de vos semblables, vous pourrez créer tout ce dont vous rêvez, et cela quand vous le voudrez. Vous n'aurez alors plus aucun souci et vous serez empli de joie : votre vie sera devenue l'expression de l'amour sans limite.

Nous sommes des voyageurs sur le chemin du cosmique — des poussières d'étoiles roulant et dansant éternellement dans les remous et les tourbillons de l'infini. La vie est éternelle, mais les expressions de la vie sont éphémères, momentanées, transitoires.

Gautama Bouddha, le fondateur du bouddhisme, a dit un jour :

« Cette existence est aussi éphémère qu'un nuage d'automne. Assister à la naissance et à la mort des êtres est comme regarder les mouvements d'une danse. Une vie est un éclair dans le ciel, elle court comme le torrent dévale une montagne escarpée. »

Nous nous arrêtons un instant pour nous rencontrer, nous regarder, nous aimer et partager. Ce moment est précieux, mais il est passager. C'est une parenthèse dans l'éternité. Si nous le partageons avec attention et amour, le cœur lumineux, nous créerons l'abondance et la joie les uns pour les autres. Alors ce moment aura été digne d'être vécu.

4701

Composition Interligne B-Liège
Achevé d'imprimer en Europe (France)
par Brodard et Taupin à La Flèche (Sarthe)
le 21 octobre 2002 – 15438
Dépôt légal octobre 2002. ISBN 2-290-04701-5
1er dépôt légal dans la collection : déc. 1997

Éditions J'ai lu
84, rue de Grenelle, 75007 Paris
Diffusion France et étranger : Flammarion